IMPRESSUM

Umschlaggestaltung: Millus
www.millus.org

YANG! DAS BUCH DES KRIEGERS
Autor Miguel E. Riveros Silva
Amsterdamerstr. 261
50735 Köln
www.Friedenskind.de

Herstellung und Verlag:
BoD – Books on Demand, Norderstedt
ISBN 978-3-7357-7843-7

Für dich geschrieben.

YANG

Sterben ist einfach.
Leben ist schwer.
Kämpfen ist Pflicht.

Du fühlst dich verloren.
Du fühlst dich allein.
Du hast Schmerzen.
Du hast Angst.
Du fühlst dich gebrochen.
Du fühlst dich verraten.
Du bist traurig.
Du bist am Ende.
Du fühlst dich besiegt.
Du fühlst dich geschlagen.
All dein Wissen, all deine Kraft, all deine Liebe, all dein Besitz, all deine Erfahrung, all deine Freunde… nichts konnte dich retten oder beschützen.
Das ist der Moment im Leben, der alles verändert. Du stehst vor einer großen Entscheidung. Aufgeben oder kämpfen. Aufgeben ist keine Schande, denn wir sind nur Menschen und haben ein Recht aufzugeben, doch entscheidest du dich fürs kämpfen, dann wirst du zum Krieger.

Wer bereit ist zu kämpfen, der kann überleben, der kann sein Ziel erreichen, der kann Antworten finden…

Antworten auf die wichtigsten Fragen
seines Lebens.
Das ist das Buch des Kriegers.
Dein Buch. Mein Buch.
Unser Buch.

Hoffnung
Hoffnung ist für alle da.
Hoffnung ist in jeden.
Hoffnung ist immer da.

Niemand ist verloren.
Für jeden gibt es Hoffnung.

Nichts ist für ewig.
Für jeden Schmerz gibt es Linderung.

Man muss nicht an Gott glauben, um
gerettet zu werden.
Für jeden gibt es Rettung, denn
Hoffnung gibt es für alle.

Ich habe gerettet und zerstört.
Ich habe geliebt und gehasst.
Ich habe mein Wort gehalten und mein
Wort gebrochen.

Ich wurde belohnt und bestraft.
Ich wurde geliebt und verlassen.
Ich wurde geehrt und verraten.

Und sogar für mich gab es immer
Hoffnung.
So auch für dich.

Egal wer oder was du bist.
Egal was du glaubst.
Egal wo du bist.

Das Leben ist eine traurige Geschichte mit glücklichen Momenten.

Es gibt Tage, da mache ich alles falsch. Ich versage in jeder Hinsicht. Mache Dinge kaputt, verletze Menschen und bringe mich selbst zu Fall. Doch das sind die wichtigsten Tage meines Lebens, denn darin erkenne ich wer und was ich wirklich bin.

Nur ein Mensch.

Menschen

Es gibt Menschen, die lügen mich an.
Es gibt Menschen, die lachen mich aus.
Es gibt Menschen, die beschimpfen mich.

Es gibt Menschen, die mich für dumm halten.
Es gibt Menschen, die mich für arrogant halten.
Es gibt Menschen, die mich für verlogen halten.

Es gibt Menschen, die mich nicht verstehen.
Es gibt Menschen, die mich nicht lieben.
Es gibt Menschen, die mich nicht brauchen.

Es gibt Menschen, die klauen mir meine Ideen.
Es gibt Menschen, die mir wenig gönnen.
Es gibt Menschen, die schlecht von mir reden.

Es gibt Menschen, die legen mir Steine in den Weg.
Es gibt Menschen, die stoßen mich zur Seite.
Es gibt Menschen, die mich verfluchen.

Es gibt Menschen, die mich nicht kennen.
Es gibt Menschen, die mich vergessen wollen.
Es gibt Menschen, die nicht an mich glauben.

Es gibt Menschen, die finden mich hässlich.
Es gibt Menschen, die halten mich für schwach.
Es gibt Menschen, die finden mich schlecht.

Es gibt Menschen, die mich beneiden.
Es gibt Menschen, die mich ausnutzen.
Es gibt Menschen, die mich hassen.

Für diese Menschen bin ich dankbar,
denn sie zeigen mir jeden Tag
wie ich nicht sein will und soll.

Bedeutung

Egal wie gut deine Noten sind.
Egal wie viel Erfolg du bei der Arbeit hast.
Egal wie talentiert du bist.
Egal wie viele Menschen dich lieben.
Egal wie reich du auch bist.
Egal wie schön du auch sein magst.
Egal wie intelligent du bist.
Egal wie viel du im Leben schon erreicht hast, ...

...wenn du kein gutes Herz hast, dann hat das alles keine Bedeutung.

Gut

Du willst ein guter Mensch sein,
du willst deinen geliebten Menschen
Respekt und Liebe zeigen, dann handle.

Stehe ihnen zur Seite.
Höre ihnen zu.
Erleichtere ihnen ihre Arbeit.

Teile deine Nahrung mit ihnen.
Teile dein Wissen mit ihnen.
Teile deinen Schutz mit ihnen.

Lasse sie nicht im Stich.
Schenk ihnen Hoffnung.
Beschütze sie.

Erwarte aber niemals eine
Gegenleistung.

Man liebt und respektiert nicht, um
Liebe und Respekt zu erhalten, sondern
man liebt und respektiert, weil es das
richtige ist.

Armut

Wenn uns niemand vermisst,
wenn uns niemand sucht,
wenn uns niemand braucht,
dann sind wir wirklich allein.

Wenn uns niemand ruft,
wenn uns niemand kennt,
wenn uns niemand schreibt,
dann sind wir wirklich allein.

Wenn uns niemand will,
wenn uns niemand glaubt,
wenn uns niemand liebt,
dann sind wirklich allein.

Dann sind wir wirklich arm.

Ich möchte lieben und geliebt werden.
Ich möchte berühren und berührt werden.
Ich möchte antworten und gefragt werden.

Liebe

Wenn ich dich liebe, wirst du mich lieben?
Wenn ich dir vertraue, wirst du mir vertrauen?

Wenn ich schweige, wirst du mir zuhören?
Wenn ich weine, wirst du mich trösten?

Wenn ich an dich denke, denkst du auch an mich?
Wenn ich dich vermisse, vermisst du mich auch?

Wenn ich dir sage wie ich fühle, wirst du es verstehen?

Ich könnte dir sagen: ich liebe dich, doch wirst du es verstehen und fühlen?
Ich könnte dir sagen: ich brauche dich, doch kannst und willst du mir geben was ich brauche?
 Du willst wissen, ob du mich wirklich liebst?
Wenn ich das wichtigste in deinem Leben bin, du keine Sekunde ohne mich

sein kannst, du dich nur mit mir
vollkommen fühlst und alles mit mir
teilen willst, dann liebst du mich.
Dann ist das wahre Liebe.
So einfach ist das.

Alles andere ist Trug und Schein.

Lass mich die Liebe deines Lebens sein
und ich werde dich beschützen,
wärmen, ernähren, küssen, halten,
ehren, pflegen, begehren, befriedigen,
tragen, massieren, ich werde für dich
kämpfen, arbeiten, zeichnen, atmen,
kochen, putzen, beten, erdulden,
singen, lachen, weinen, dichten,
wachen, wandern, bezahlen, stehlen,
lügen, betrügen, töten, siegen,
verlieren, ich werde dir zuhören, folgen,
helfen, ich werde dich lieben, dir
vertrauen und bei dir sein. Treu
ergeben. Bis zum Ende aller Zeiten, aller
Welten und aller Leben.

Sei die Liebe meines Lebens.

Die größte Sünde auf Erden ist
Liebe zu verkaufen und zu kaufen.

Nicht der Kampf bringt den
Frieden, sondern die Versöhnung.

Wer sich für Frieden entscheidet,
ist gegen Krieg.
Die einzige richtige und wahre
Entscheidung.

DAS BUCH DES KRIEGERS

Was wir sind

Wir sind Krieger.
Unsere stärkste Waffe ist unser Herz.
Unsere zweitstärkste Waffe ist unser Verstand.
Unsere drittstärkste Waffe ist unser Körper.

Beherrschen wir unsere Waffen sind wir für den Kampf gut vorbereitet.
Sind wir für das Leben bereit.

Liebe und Respekt.
Verständnis und Mitgefühl.
Das sind die vier Säulen unseres Herzens.

Erfahrung und Wissen.
Neugier und Vorsicht.
Das sind die vier Säulen unseres Verstandes.
Ausdauer und Kraft.
Sauberkeit und Gesundheit.
Das sind die vier Säulen unseres Körpers.

Zwölf Säulen halten uns am Leben.

Sie sind unser Fundament.
Diese müssen wir pflegen und stärken.

Es ist nicht leicht ein Krieger zu sein,
aber das Leben kennt keine Gnade.

Stolz

Ein Krieger empfindet keinen Stolz, denn er ist ein bescheidener Mensch.

Ein Krieger hält sein Wort.
Ein Krieger entschuldigt sich.
Ein Krieger lügt nicht.

Ein Krieger darf keinen Stolz empfinden und zeigen, denn Stolz macht blind und arrogant. Stolz macht schwach und unachtsam.

Ein Krieger ist bescheiden.
Ein Krieger ist freundlich.
Ein Krieger ist geduldig.

Ein Krieger stellt sich niemals über andere.

Ein Krieger protzt nicht mit seinem Wissen und seiner Kraft.
Ein Krieger hält bis zum Kampf sein Wissen und seine Kraft verborgen.
Ein Krieger stellt sein Wissen und seine Kraft dem Wohle der Menschheit zur Verfügung.

Ein Krieger trägt keinen Orden oder keinen Schmuck. Ein Krieger nimmt keine Preise und Auszeichnungen an. Ein Krieger wendet sich von Lob und Anbetung ab.

Zuhören

Ein Krieger schweigt, wenn es nichts zu sagen gibt. Ein Krieger schweigt, wenn ein anderer spricht. Ein Krieger schweigt, wenn er darum gebeten wird.

Ein Krieger hört zu, wenn ein anderer spricht. Ein Krieger hört zu, wenn andere nicht zuhören. Ein Krieger hört zu, wenn er darum gebeten wird.

Ein Krieger spricht, wenn er was zu sagen hat. Ein Krieger spricht, wenn andere schweigen. Ein Krieger spricht, wenn er darum gebeten wird.

Wenn einer spricht, dann unterbricht der Krieger ihn nicht, aber naht Gefahr ist es dem Krieger erlaubt jeden zu unterbrechen.

Ein Krieger versucht alles zu verstehen, wenn ein anderer spricht. Ein Krieger versteht mit Herz und Verstand.
Ein Krieger wählt seine Worte und sein Tonfall weise. Ein Krieger benutzt keine Worte und Töne, um andere zu

beleidigen oder zu verletzen. Ein Krieger benutzt Worte und Töne, um zu helfen und um den Frieden zu erhalten.

Verteidigung

In unserem Leben treffen wir immer auf Herausforderungen und Hindernisse.
Auf Probleme und Feinde.
Wir werden angegriffen und wir werden gezwungen uns zu verteidigen.

Bei der Verteidigung spielt die Position eine wichtige Rolle. Wir müssen befestigt sein, um nicht beim ersten Angriff umzufallen.

Oft befinden wir uns nicht in der richtigen Position, um uns erfolgreich zu verteidigen. Da müssen wir uns schnell bewegen. Ausweichen und manchmal fliehen, um die richtige Position zu finden.

Haben wir die richtige Position gefunden, sind wir bereit uns zu verteidigen.
Erkenne den Feind, erkenne die Schwächen deines Gegners, erkenne ihre Ängste und erkenne was sie lieben.
Dieses Wissen hilft dir den richtigen Verteidigungsschlag zu wählen.

Einen Gegner besiegt man in folgender
Reihenfolge: man raubt ihn seine Sinne,
man nimmt ihn die Luft zum Atmen und
man macht ihn bewegungsunfähig.

Man kann sich immer im Leben
verteidigen.
Man ist niemals wehrlos.
Es gibt keine unbesiegbaren Gegner.
Für jedes Problem gibt es eine Lösung.

Angriff ist nicht die beste Verteidigung.
Ein Krieger greift niemals als Erster an,
denn wahre Krieger dienen den Frieden.

Krieger kämpfen nicht, um zu verletzen.
Sie kämpfen, um nicht verletzt zu
werden. Sie kämpfen, damit andere
nicht verletzt werden.

Beschützen und bewachen. Helfen und
dienen.
Danken und lieben.
Das sind die Aufgaben eines Kriegers.

Konflikt

Krieg bedeutet Konflikt und Krieger sind
Konfliktlöser.

Konflikt bedeutet Krieg
Befinden wir uns in einem Konflikt und
steht uns ein anderer Krieger
gegenüber, dann ist es unsere Aufgabe
und Pflicht als Krieger Frieden zu
schließen, denn Krieg oder sich zu
bekriegen bedeutet Schmerz und
Zerstörung.
Nur im Frieden können wir wahres
Glück finden.

Die drei Wahrheiten des Lebens
1. du kannst nicht alles haben
2. du hast immer eine Wahl
3. du stirbst am Ende (egal was du tust)

Wahrheit

Fürchtest du dich so sehr vor der
Wahrheit?
Weißt du den nicht, dass die Wahrheit
gut ist?
Die Wahrheit befreit und errettet.

Weißt du den nicht, dass die Wahrheit
die Liebe beschützt und am Leben hält?

Deine Lügen glaubst du doch selbst
nicht.

Weißt du den nicht, dass die Wahrheit
jede Lüge entlarvt?
Früher oder später.

Weglaufen, wegschauen, sich
verstecken oder schweigen ist zwecklos.
Sage einfach die Wahrheit und alles
wird gut.
Ich weiß, es ist nicht einfach, doch du
bist nicht allein.
Ich reiche dir meine Hände.

Jede ausgesprochene Wahrheit wird
belohnt.

Jede ausgesprochene Lüge wird bestraft.

So ist das Leben.

Angst

Angst hat jeder. Angst ist immer da.
Angst gehört zum Leben. Man kann sie besiegen, man kann sie nutzen und man kann sie weitergeben.

Angst muss man erkennen und sie benennen.

Ein Krieger, der keine Angst verspürt, wird unachtsam und leichtsinnig werden.

Angst darf einen Krieger nicht beherrschen, aber Angst soll ihm helfen.
Angst ist Teil unserer Intuition.
Nährt sich die Gefahr, oder stehen wir unbekannten Herausforderungen gegenüber, so wird uns die Angst warnen und uns daran erinnern achtsam zu sein.

Tod

Der Tod gehört zum Leben, doch ein
Krieger ist kein Diener des Todes,
sondern ein Diener des Lebens.

Jeder Tod ist ein Verlust.
Jeder Tod wird respektiert.
Jeder Tod ist eine Erinnerung.

Eine Erinnerung an unsere eigene
Sterblichkeit.

Liegt ein Krieger im Sterben, dann
schwört er nach den Tod immer über
seine Lieben zu wachen.

Ein Krieger fürchtet den Tod nicht, denn
der Tod ist eine Erlösung.

Ein Krieger tötet sich nicht selbst, denn
ein Krieger ehrt das Leben.
Selbsttötung ist aufgeben und ein
Krieger gibt niemals auf.

Licht

Entweder bist du dafür oder dagegen.
Entweder bist du hier oder dort.
Entweder bist du links oder rechts.

Entweder bist du gut oder böse.
Entweder bist du tot oder lebendig.
Entweder bist du gefangen oder frei.

Entweder glaubst du oder du glaubst nicht.
Entweder liebst du oder du liebst nicht.
Entweder hasst du oder du hasst nicht.

Entweder bist du mein Freund oder mein Feind.
Entweder bist du mein Leben oder mein Tod.
Entweder bist du mein Alles oder mein Nichts.

Licht oder Finsternis. Entscheide dich.
Ich entscheide mich.

Licht.
Krieger des Lichts.
Mensch des Lichts.

Frieden

Frieden finden wir, wenn wir aufhören
zu kämpfen, zu leisten, zu beweisen und
zu hassen.

Glück finden wir, wenn wir anfangen zu
verzeihen, zu ruhen,
zu schenken und zu lieben.

Freundschaft

Fürchte dich nicht, denn wenn du nicht
kämpfen kannst, so werde ich für dich
kämpfen und dich beschützen.
Ich werde dich tragen.
Ich werde für dich zurückkehren.

Das ist Freundschaft.
Das ist Respekt.
Das ist Liebe.

Alles

Alles wird gut.
Ich verspreche es.
Habe einfach noch etwas Geduld.
Bleib standhaft.
Bleib treu.
Entscheide dich zu lieben anstatt zu hassen.

Du bist nicht allein.
Ich denke an dich,
sogar wenn wir uns noch nicht kennen.

Und fühlst du dich allein, müde und ängstlich, dann rufe nach mir.

Die Welt ist nicht verloren.
Das Gute wird siegen.
Immer.

Ich bin dein Krieger.

Um glücklich zu werden, musst du die Perfektion ignorieren.

Drei heilige Worte: Ich liebe dich.

Mutter

Du hast mich geboren.
Du hast mich ernährt.
Du hast mich erzogen
und niemals betrogen.

Du hast mich gewärmt.
Du hast mich beschützt.
Du hast mich getragen
und immer ertragen.

Bis heute denkst du immer an mich.
Du liebst mich mehr als dich selbst.
Lässt mich niemals im Stich.

Vor Feinden, Kälte und Gefahren
hast du mich behütet und verteidigt.

Dir verdanke ich mein Leben.
Dir verdanke ich mein Glück.
Dir verdanke ich meine Zukunft.

Du hast alles für mich gegeben.
Du hast mich groß und stark gemacht.

Bei dir finde ich Trost, Vergebung und
Verständnis, sogar wenn ich es nicht
verdiene.

In deinen Armen hast du mich gehalten.
Hast für mich gekämpft, geweint und
nächtelang nicht geschlafen.

Dein Leben für mich geopfert.
Dir gilt meine Treue.
Du bist das Gute im Leben.

Deine Taten sind heilig.
Deine Liebe ist grenzenlos.
Dein Name ist Mutter.

Ich verdanke dir mein Leben.
Ich liebe dich.

Aufgeben ist einfach.
Kämpfen ist schwer.

Leben ist grausam.
Lieben ist gefährlich.

Glauben ist nötig.
Hassen ist tödlich.

Lernen ist sinnvoll.
Fühlen ist schön.

Sterben ist traurig.
Zweifeln ist göttlich.

Was dich krank und unglücklich macht, gehört nicht in dein Leben.

Deine Vergangenheit ist
Bestandteil deiner Gegenwart, die
deine Zukunft bestimmt.

Sinn des Lebens

Der Tag der Tage ist gekommen.
Du hast es verstanden.

Wir spielen nicht, um zu gewinnen.
Wir leben nicht, um zu leiden.

Wir sind hier um zu lieben
und geliebt zu werden.

Wir sind hier um zu geben und nicht um
zu nehmen.

Das Ende

es gibt einen Ort wo man dir verzeihen
wird
es gibt eine Zeit da wird alles gut sein

es wird der Tag kommen an dem das
ganze Leid ein Ende haben wird

alles wird einen Sinn ergeben
Vergangenheit Gegenwart Zukunft
Schmerz Hass und Liebe

die Kopfschmerzen werden aufhören
jede Sucht beendet
jede Lüge entlarvt

Liebe wird keine Illusion mehr sein
Liebe wird es für alle geben
genug und im Übermaß

deine Mutter wird dich lieben, wie eine
Mutter ihr Kind lieben sollte
dein Vater wird dich lieben, wie ein
Vater sein Kind lieben sollte

niemand wird sich mehr schämen
müssen
niemand wird mehr allein sein

Neid Gier Angst
Geld Ruhm Macht
nichts wird uns mehr vergiften
nichts wird uns mehr quälen

dein Feind wird dein bester Freund

man wird dich verstehen
man wird dich begleiten
man wird dich lieben

das ist das Ende und der Anfang

wir werden feiern
Hand in Hand
jubilieren und uns freuen
wir werden vor Glück weinen
wir werden vor Liebe lachen
wir werden endlich eine Familie sein
wir alle
wir Menschen
wir

wir werden keine Krieger mehr sein